BEI GRIN MACHT SICH IHR
WISSEN BEZAHLT

- Wir veröffentlichen Ihre Hausarbeit,
  Bachelor- und Masterarbeit

- Ihr eigenes eBook und Buch -
  weltweit in allen wichtigen Shops

- Verdienen Sie an jedem Verkauf

Jetzt bei www.GRIN.com hochladen
und kostenlos publizieren

Michel Meier

Kontrollarchitekturen mobiler Roboter

GRIN Verlag

Bibliografische Information der Deutschen Nationalbibliothek:

Die Deutsche Bibliothek verzeichnet diese Publikation in der Deutschen National-
bibliografie; detaillierte bibliografische Daten sind im Internet über http://dnb.d-
nb.de/ abrufbar.

Impressum:

Copyright © 2005 GRIN Verlag GmbH
Druck und Bindung: Books on Demand GmbH, Norderstedt Germany
ISBN: 978-3-640-88795-8

Dieses Buch bei GRIN:

http://www.grin.com/de/e-book/170120/kontrollarchitekturen-mobiler-roboter

Lehrstuhl für Angewandte Informatik III
(Robotik und Eingebettete Systeme)

Kontrollarchitekturen mobiler Roboter

Michel Meier

Angewandte Informatik

4. Semester

Datum: 12.07.05

UNIVERSITÄT
BAYREUTH

Inhaltsverzeichnis

1 Einleitung

Die Vorläufer heutiger Roboter können in den frühen mechanischen Geräten (Automaten) gesehen werden. Hinweise auf Automaten und bewegliche Statuen in Ägypten und Griechenland finden sich schon einige Jahrhunderte vor Christus.

Der Begriff Roboter wurde erstmals 1921 durch das Drama „Rossums Universal Robots" des tschechischen Dichters Karl Čapek geprägt. Darin wird beschrieben, wie Roboter vom Menschen zur Fronarbeit (tschechisch „robota") gezwungen werden und schließlich rebellieren. Weltweit bekannt wurde der Begriff Roboter durch die Romane von Isaac Asimov und seine Gesetze der Robotik, die ihren Ursprung in den kybernetischen Modellen der 50er und 60er Jahren hatten. Das Ziel der Kybernetik war es, zu durchschauen wie ein System funktioniert oder es mit einer fest vorgegebenen Steuerung zu versehen um eine bestimmte Funktion zu erzeugen. Man versuchte damit, das Verhalten primitiver Insekten nachzuahmen. Die kybernetischen Modelle hatten nur wenige Sensoren mit denen sie Umweltreize wahrnehmen und darauf reagieren konnten. Die Verbindung zwischen Reizaufnahme und Reaktion wurde über fest verdrahtete Elektronik hergestellt, komplexeres Verhalten war damit nicht zu realisieren. Die ersten Braitenberg-Vehikel können als kybernetische Modelle bezeichnet werden: Sie besitzen typischerweise keine interne Informationsverarbeitung, sondern legen die Eingabereize der Sensoren in geeigneter Weise verstärkt oder gehemmt an die Motoren an und erzeugen dadurch eine scheinbar intelligente Reaktion. Ein weiterer Vertreter der Kybernetik war C. Shannon, der ein Modell einer Maus entwickelte. Diese Maus durchlief ein Labyrinth mittels Trial-and-Error-Methodik und sendete dabei stetig ihre Position an einen Computer. Nach einigen Durchläufen war das komplette Labyrinth als digitale Karte vorhanden, ein Steuerprogramm konnte die Maus ohne Fehler durch das Labyrinth leiten. Der Nachteil dieses Modells war der hohe Speicherbedarf für die gesammelten „Erfahrungen", die Kapazitäten durften 10^6 Bit nicht überschreiten.

Mit der Entwicklung des Mikroprozessors 1969 wurde eine neue Ära in der Robotik eingeleitet. Die nun einsetzende Beschleunigung im Bereich der Rechenleistung bewirkte, dass man nicht mehr 30 Minuten warten musste, bis der Roboter die Berechnung für einen Schritt ausgeführt hatte. Auch Großrechner zur Steuerung der Modelle waren nicht mehr nötig, der Mikrocontroller konnte direkt auf dem mobilen Roboter verbaut werden. Neue Ansätze für Kontrollarchitekturen (z.B. der verhaltensbasierte Ansatz) konnten aufgrund dieser revolutionären Entwicklung

realisiert werden.

2 Einführung

Das folgende Kapitel gibt zunächst einen Überblick über autonome mobile Roboter und die Anforderungen, die an sie gestellt werden. Roboter bilden die hardwareseitige Grundlage um Kontroll-architekturen zu implementieren und autonomes Handeln des Roboters zu ermöglichen.

2.1 Definition autonomer mobiler Roboter (AMR)

Mobile Roboter können auch als autonome physische Agenten bezeichnet werden. Etymologisch betrachtet leitet sich dieser Begriff vom griechischen „autonomos" (selbstgesetzgebend) und „agens" (handeln) ab.

Autonome mobile Roboter definieren sich folglich durch ihre Fähigkeit, sich aus eigener Kraft frei fortzubewegen und die zur Bewältigung einer gestellten Aufgabe notwendigen Schritte, auch bei wechselnden Umgebungsbedingungen, eigenständig herauszufinden und auszuführen.

AMR besitzen Sensoren, mit denen sie die Umgebung in physikalischen Größen erfassen und in elektrische Signale umwandeln können. Ausgehend von diesen Signalen erfolgt eine interne Verarbeitung, die wiederum Signale an Aktoren sendet und somit eine Interaktion mit der Umgebung ermöglicht.

Zur Problemerkennung und Lösung stehen dem AMR nicht nur Sensoren sondern gegebenenfalls auch Erfahrungswerte aus früheren Aufgabenstellungen zur Verfügung, welche eine schnellere und sicherere Reaktion ermöglichen.

Außerhalb des Labors erfolgt der Einsatz von AMR eher begrenzt, doch haben sie vor allem auf den Gebieten Vorteile, die für den Menschen zu gefährlich (z.B. Minensucher) oder auf Grund biologischer Eigenschaften bzw. widriger Umweltbedingungen unerreichbar sind (z.B. Tiefsee).

2.2 Anforderungen an einen AMR

Um von einem Robotersystem mit einem gewissen Grad an Autonomie und Komplexität sprechen

zu können, muss es einige Verhaltensspezifikationen erfüllen und grundlegende Konzepte beinhalten:

- Reaktion auf die Umwelt:
  Der Roboter sollte auf Umweltveränderungen reagieren können.

- Intelligentes Verhalten:
  Kompromisse werden durch grundlegende Verhaltensregeln erstellt, die Reaktion wird durch die Ziele der Hauptaufgabe definiert.

- Modularität:
  Das Kontrollsystem sollte in kleinere Module aufgeteilt sein, die separat modelliert und implementiert werden können.

- Flexibilität und Erweiterbarkeit:
  Die Architektur des AMR kann sich mit fortschreitender Zeit ändern, Verbesserungen sollten somit einfach und schnell implementierbar sein.

- Aufgabenverwaltung:
  Der AMR sollte in der Lage sein, die Konflikte beim Erfüllen mehrer Ziele zu lösen und die Hauptaufgabe (global reasoning) dabei zu berücksichtigen.

- Robustheit:
  Der AMR sollte auf unvorhergesehene Probleme (z.B. fehlerhafte Sensorsignale) reagieren können und Lernfähigkeit besitzen.

Auch diese Eigenschaften sind noch recht intuitiv und lassen einigen Interpretationsspielraum. Zusammengenommen ergeben sie jedoch ein anwendbares Kriterium zur Beurteilung von Robotersystemen, insbesondere da diese Eigenschaften nicht absolut, sondern graduell sind, d.h. ein System erfüllt sie jeweils mehr oder weniger. Ebenso müssen nicht alle aufgeführten Kriterien zwingend erfüllt werden. Es gibt noch darüber hinaus noch eine Vielzahl an weiteren Kriterien.

2.3 Problemstellung und Kapitelübersicht

Wenn man sich mit dem Thema der Kontrollarchitekturen mobiler Roboter auseinandersetzt, findet man eine Fülle von verschiedenen Architekturen und Schlagworten. Die Abgrenzung

zwischen einzelnen Konzepten ist nicht mehr gegeben, vielmehr verlaufen die Grenzen fließend. Häufig werden hybride Systeme genutzt um die Vorteile verschiedener Architekturen zu vereinigen und die Nachteile, soweit möglich, zu unterbinden.

Ziel dieser Ausarbeitung ist ein Überblick über die differenzierten Architektursysteme mobiler Roboter aber auch die Möglichkeiten ihrer Kombinationen untereinander. Im dritten Kapitel erfolgt zunächst eine kurze Definition der Kontrollarchitektur, anschließend eine Unterteilung der Architekturensysteme in Gegensatzpaare nach Medeiros [Medeiros98], da diese Art der Abgrenzung einen sehr guten Überblick darstellt. Diese Unterteilung wird an in den entsprechenden Abschnitten näher erläutert. Weiterhin werden die Eigenschaften sowie die Vor- und Nachteile der einzelnen Gegensatzpaare beschrieben und am konkreten Beispiel verdeutlicht. Im letzten Abschnitt dieses Kapitels werden die Kombinationen der Systeme beschrieben und ebenfalls praktische Umsetzungen genannt. Im vierten Kapitel erfolgt eine Zusammenfassung und Auswertung sowie ein kurzer Ausblick auf einige Problemstellungen der Robotik, die heute noch nicht oder nur teilweise gelöst sind.

3 Kontrollarchitekturen

Eine Kontrollarchitektur bildet ein „Framework" (engl.: Rahmenwerk) zur Steuerung eines Systems, ist selbst aber nicht lauffähig und wird erst durch Implementierungen mit Funktionalität gefüllt. Die Architektur legt den während der Laufzeit unveränderlichen Anteil der Struktur fest und dient der Erleichterung der Implementierung von komplexen Anwendungen. Im Fall der mobilen Roboter muss die Architektur zusätzlich auf spezielle Anforderungen (ungenaue Sensorik, Aktorik, Echtzeitanforderungen) zugeschnitten sein. Die meist modular aufgebaute Gesamtsteuerung legt die semantische Bedeutung und die Kommunikation der einzelnen Module untereinander, sowie deren Beziehung (Hierarchie) zueinander fest. Des Weiteren realisiert sie die Strukturierung und Speicherung eines eventuell vorhandenen inneren Zustands sowie den Zugriff einzelner Module auf diesen Zustand. Der wichtigste Aspekt, der durch die Kontrollarchitektur festgelegt wird, ist die Verhaltenskontrolle. Durch sie werden die Prinzipien zur Steuerung des Verhaltens im Sinne des Einwirkens auf die Umgebung festgelegt.

Die Unterteilung, basierend auf den Vorgaben von Medeiros, strukturiert sich in folgende drei Aspekte:

- Die Art, wie Module untereinander verbunden sind (hierarchisch versus zentralisiert)
- Die Art, wie Module mit der Umgebung kommunizieren (reaktiv versus deliberativ)
- Die Funktion der Module (funktional versus verhaltensbasiert)

Auch Medeiros muss an dieser Stelle eingestehen, dass es nicht möglich ist, alle Kontrollarchitekturen in diese Kategorien einzuordnen, ein Teil davon wird aber im Abschnitt hybride Systeme separat beleuchtet.

Grundlegend kann man den Aufbau von Roboterarchitekturen in drei Klassen einteilen:

a) Monolithische Systeme

Sie besitzen keine explizite Strukturierung, sondern sämtliche Aufgaben werden in einem Modul bearbeitet; findet Verwendung in den in der Einleitung beschriebenen Braitenberg-Vehikeln.

b) Konnektionistische Systeme

Diese Architekturen bestehen aus vielen einfach aufgebauten, gleichartigen Einheiten die durch eine Netzstruktur miteinander verbunden sind. Sie sind im Gegensatz zu modularen Architekturen auf keine bestimmte Aufgabe spezialisiert. Die Funktionalität des Systems ergibt sich dabei nur aus der komplexen Struktur der Verbindungen zwischen den einfachen Einheiten, beispielsweise in neuronalen Netzen.

a) Modulare Systeme

Gliedert die Architektur explizit in einzelne funktionale Komponenten und Bestandteile und verankert deren Abhängigkeiten und Interaktionsmöglichkeiten untereinander (Abbildung 1). Die Struktur ist fest oder variabel, je nachdem ob die Anzahl Komponenten fest vorgegeben oder beliebig ist. Modulare Systeme finden in praktischen Anwendungen sehr oft Verwendung und werden deshalb in den folgenden Kapitel näher beleuchtet.

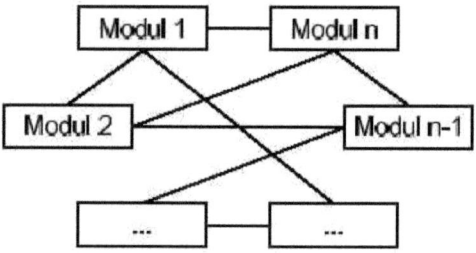

Abbildung 1: modulare Architektur

3.1 Geschichtete versus zentralisierte Systeme

Modulare Architekturen haben sich durchgesetzt, da jedes Modul einzeln implementiert und verändert werden kann und somit eine hohe Flexibilität ermöglicht wird. Hier weicht die Unterteilung etwas von Medeiros' ab, dass hierarchische Systeme den Gegenpart zu zentralisierten Systemen bilden. Da die hierarchischen Kontrollarchitekturen nur ein Teilaspekt der geschichteten Systeme sind, jedoch sich alle Arten der Schichtenarchitekturen grundsätzlich in Implementierung und den daraus resultierenden Eigenschaften von den zentralistischen Systemen unterscheiden, wird diese Strukturierung in geschichtete und zentralisierte Systeme gewählt.

3.1.1 Geschichtete Systeme

Grundidee ist, dass jedes Modul eine separate Verarbeitungsebene repräsentiert. Module können nur mit dem direkten Nachbarn kommunizieren und Informationen austauschen. Geschichtete Architekturen werden wie folgt unterteilt:

a) Serielle Schichtenarchitektur

Jede Schicht, dieses auch Kaskadenarchitektur genannten Systems, übernimmt jeweils einen Schritt in der Verarbeitungssequenz; hierzu Abbildung 2.

Abbildung 2: serielle Schichtenarchitektur

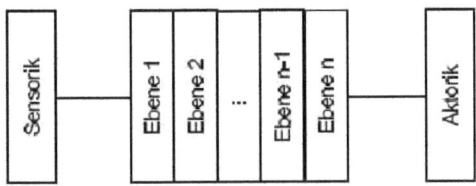

b) Parallele Schichtenarchitektur

Alle Ebenen arbeiten parallel zueinander mit der Folge dass die Ergebnisse der einzelnen Module koordiniert werden müssen. Dies geschieht entweder durch Überschreiben der Ergebnisse niedrigerer Ebenen durch höhere (was fast schon wieder einer hierarchischen Architektur entspricht), wie beispielsweise bei der Subsumption-Architektur, oder durch Einsetzen von Zensoren (einer Ebene die Eingabe vorenthalten) und Supressoren (Ausgabe einer Ebene unterdrücken) welche in der Turing-Machines-Architektur eingesetzt wird.

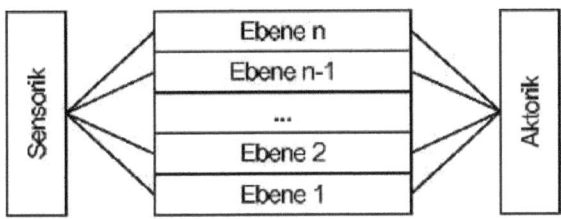

Abbildung 3: parallele Schichtenarchitektur

c) Hierarchische Systeme

Übergeordnete Module schließen die Aufgaben der niederen Module mit ein, d.h. sie überwachen und beeinflussen die Ein- und Ausgaben (Abbildung 4). Die unterste Ebene steuert also Sensorik und Aktorik des Roboters, während höher liegende Ebenen jeweils untere kontrollieren. Diese Struktur findet häufig Verwendung bei hybriden Architekturen, die im vierten Abschnitt dieses Kapitels noch näher beleuchtet werden. Beispielhaft für hierarchische Systeme ist die NASREM-Architektur.

Abbildung 4: hierarchische Schichtenarchitektur

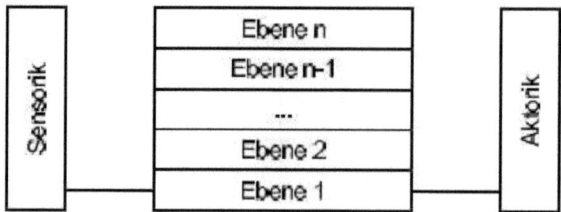

3.1.2 Zentralistische Systeme

Es existiert eine zentral operierende Komponente, die entweder als gemeinsam genutzter Wissensspeicher autonom arbeitender Module fungiert oder als zentrale Kontrollinstanz (Supervisor) die anderen Module überwacht und steuert (Abbildung 5).

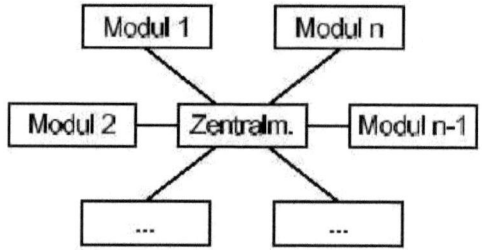

Abbildung 5: zentralistische Architektur

Beispielhaft für zentralistische Systeme sind Blackboard-Architekturen, die im nächsten Abschnitt ausführlich beschrieben werden, da hier das Prinzip eines zentralen Wissensspeichers sehr deutlich wird.

3.1.3 Blackboard Architekturen

In diesen Systemen arbeiten viele Wissensquellen, so genannte Experten, kooperierend zusammen und nutzen zur Kommunikation ein Blackboard. Diese Experten kann man als Module auffassen, die jeweils zur Bearbeitung eines bestimmten Sachverhaltes eingesetzt werden. Sie besitzen neben der globalen Datenbank auch lokales Wissen und eigene Folgerungsmechanismen. Um Probleme

mit inkonsistenten Speicherzugriffen zu vermeiden wird dem Blackboard häufig eine Kontrollinstanz vorgeschaltet, die die Zugriffe der Experten koordiniert. Die Instanz kann aber schnell zum Flaschenhals werden, wenn viele Zugriffe erfolgen, darunter leidet die Echtzeitfähigkeit, die für mobile Roboter nötig ist.

Speziell für Roboterkontrollsysteme wird ein virtuelles Blackboard verwendet, das wiederum in Unterblackboards aufgeteilt wird. Hierbei werden Gruppen von Wissensquellen zu einem Experten zusammengefasst, die mit Hilfe einer Kontrollstation auf das Blackboard zugreifen. Jede Quelle sieht nur das gemeinsame Blackboard obwohl dies unter kooperierenden Instanzen aufgeteilt wird, daher die Bezeichnung virtuell.

Blackboard-Architekturen werden vermehrt seit Mitte der 80er Jahre für die Steuerung mobiler Roboter verwendet. Ein bekanntes Beispiel ist „Rover", er dient zum Aufspüren, Erkennen und Klassifizieren von hochgiftigen Flüssigkeiten [Lak99]. Dieser autonom arbeitende Roboter besitzt viele Instrumente und Messgeräte, die zum Erfassen der Umgebung nötig sind. Die gesamte Struktur wird von einem zentralen Kontrollsystem überwacht und steht in Funkkontakt zu einer Leitstelle. Das Kontrollsystem ist in mehrere Teilsysteme partitioniert, die auf bestimmte Aufgabengebiete (z.B. Kollisionsvermeidung, Navigation, chemische Identifikation) spezialisiert sind. „Rover" ist in der Lage, sich in unbekannten Terrain zu bewegen und Probleme zu lösen, die er zu Beginn der Mission nicht vorhersehen konnte.

3.2 Reaktive versus deliberative Systeme

In den folgenden zwei Abschnitten werden zwei gegensätzliche Konzepte von Kontrollarchitekturen betrachtet, die sich durch die Implementierung ihrer Module in Bezug auf den Umgang mit der Umwelt unterscheiden.

3.2.1 Reaktive Systeme

Diese Art der Kontrollarchitekturen zeichnen sich durch ihre permanente Interaktion mit der Umwelt aus. Dieses Prinzip der Situiertheit[1] wird durch eine enge Sensor-Motor Verknüpfung realisiert, es erfolgt keine Klassifikation oder symbolische Repräsentation der Sensorsignale.

---
1 Situiertheit = enges Wechselspiel mit der Umgebung

Reaktive Systeme sind im Allgemeinen modular aufgebaut und haben keine zentrale Regelung, dies impliziert, dass keine Planung des Verhaltens durchgeführt wird. Alle Module sind mit den betreffenden (möglicherweise mehreren) Sensoren verknüpft, nebenläufige (parallele) Aktionen sind durchführbar (Abbildung 3).

Es wird kein explizites abstraktes, repräsentatives Weltmodell (Gedächtnis) verwendet, somit besitzt diese Art der Kontrollarchitektur keine Lernfähigkeit, da kein vorhandenes Wissen existiert oder abgelegt werden kann; man spricht hier auch von Stimulus-Response Systemen[2]. Aktuelle Sensordaten werden folglich nicht zwischengespeichert, sondern erzeugen eine sofortige Aktion und werden durch den Strom nachfolgender Daten ersetzt. Diese schnelle Reaktion ist einer der Vorteile dieses Systems: durch das fehlende Weltmodell erfolgt eine rechtzeitige Antwort. Vor allem bei stark dynamischen Umgebungen, bei der kaum verlässliche Annahmen über zukünftige Weltzustände gemacht werden können, bewährt sich diese Architektur, da sie in der Lage ist, sich den ständig wechselnden Bedingungen anzupassen und die harten Echtzeitanforderungen zu erfüllen. Ein weiterer Vorteil betrifft den Umgang mit unsicherer Sensorik und Aktorik: die engen Regelschleifen zwischen Sensorik und Aktorik machen reaktive Systeme sehr robust und erlauben es, trotz dieser Umstände, auf die dynamische Umgebung zu reagieren.

Das Zusammenspiel der Reaktionen erscheint einem Beobachter sogar, bis zu einem gewissen Grad, als intelligent, jedoch liegen hier die Grenzen dieses Systems: eine längerfristige, komplexe Aufgabe ist auf die Weise nicht zu realisieren, da keine planerische Komponente vorhanden ist.

Eine konkrete Umsetzung sind kybernetische Regelkreise oder die „situated automata" von Rosenschein und Kaelbling, basierend auf einem modallogischen Formalismus [Abe96]. Dabei wird der Entwurf der Architektur mittels deklarativer Begriffe vorgesehen, die dann zu einem lauffähigen Programm kompiliert werden, das die Vorgaben der deklarativen Beschreibung erfüllt. Da keine Symbolverarbeitung vorgenommen wird, sahen einige Forscher diesen Ansatz als eine Verschmelzung von hybriden und reaktiven Architekturen. Dieser Aspekt der hybriden Ansätze wird in Kapitel 3.4 noch näher betrachtet.

---

2 Stimulus Response Systeme = Beeinhalten eine vom Menschen vorgegebene und nicht erlernte Menge von Stimulus-Antwort Regeln. Modul reagiert auf ein bestimmtes Ereignis oder Eingabemuster sehr schnell mit einem bestimmten Ausgabemuster.

3.2.2 Deliberative Systeme

Die deliberativen Kontrollarchitekturen nutzen explizit einen internen Zustand und ein repräsentatives symbolisches Weltmodell. Wahrgenommene Informationen werden komplexen Bearbeitungsfunktionen sowie dem Weltmodell zur Verfügung gestellt. Aufwendige Planungsmechanismen operieren auf dem internen Weltmodell und erstellen eine Handlungsabfolge (Gesamtziel), die durch eine ausführende Komponente realisiert wird. Das vorhandene interne Wissen wird also explizit genutzt um neue Aktionen, unter Annahme der Richtigkeit des Wissens, zu erstellen und auszuführen. Deliberative Systeme sind in der Lage zu lernen, denn erfolgreich gelöste Aufgaben wurden gespeichert und stehen bei der Lösung neuer Probleme zur Verfügung. Dies bewirkt den Vorteil, dass immer der optimale Plan entworfen wird, da alle Informationen zur Verfügung stehen.

Auch diese Architektur ist modular aufgebaut, Wissensbasis und dessen Verarbeitung existieren getrennt voneinander. Hauptmerkmal dieses Systems ist der Planer (Arbiter). Er enthält Verfahrensweisen zur Verteilung des Zugriffs der Module auf die einzelnen Sensorendaten, Aktoren und gegebenenfalls andere Module und damit indirekt die Beeinflussung der Umgebung (Abbildung 5). Ursprünglich monolithisch konzipiert, erlauben deliberative Systeme nur teilweise den Einsatz in dynamischen Umgebungen:

Der Nachteil des Systems besteht gleichzeitig in seinem Hauptunterschied zu den reaktiven Systemen: dem internen Weltmodell. Man kann sich nicht immer darauf verlassen, dass das Weltmodell aktuell ist. Es kann auftreten, dass sich im Planungszeitraum ein Objekt in der realen Umgebung bewegt. Nun arbeitet das System mit alten Informationen, Weltmodell und Realität stimmen nicht mehr überein. Die Folge ist eine geplante Handlungsfolge, die jedoch eine vom Plan abweichende Auswirkung hat. Das Weltmodell muss aktualisiert und unter Umständen ein völlig neuer Plan erstellt werden. Eventuell kann diese geringe Reaktionsfähigkeit auf die dynamische Umwelt zu Kollisionen mit Objekten der Umgebung führen. Ein anderes Problem betrifft die Lokalisation: wenn aufgrund ungenauer Sensorik die tatsächliche Position von der Angenommenen abweicht, so ist ebenfalls jede Planung hinfällig. Ein bekannter und früher Vertreter deliberativer Systeme ist STRIPS, entwickelt in den 70er Jahren von Fikes und Nielsson [Del02]. Hier werden Zustände der Umgebung als wohlgeformte Formeln übergeben[3], sie müssen

---

3 Beispiel: At(Home) and ¬Have(Milk) and ¬Have(Bananas)

aber nicht vollständig sein, da bestimmte Stellen der Umgebung nicht erreichbar oder vollständig bekannt sind. Ziele werden in derselben Notation als gewünschter Zustand eines Ausschnitts der Umgebung vorgegeben, das System entscheidet dann über eine Auswahl von Aktionen um den momentanen Zustand in den gewünschten zu überführen. Die STRIPS-Notation hatte großen Einfluss auf spätere theoretische Arbeiten zum Thema Kontrollarchitekturen.

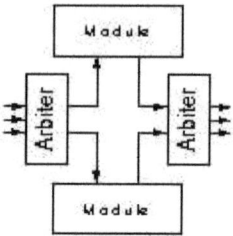

Abbildung 5: deliberatives System

Deliberative Systeme sind in der Lage zielgerichtetes Verhalten zu zeigen und komplexe Aufgaben zu lösen, je nach Dynamik der Umgebung können jedoch Planungsaufwand und Fehlerwahrscheinlichkeit sehr hoch werden, so dass man hier auf effektivere (z.B. reaktive) Architekturen zurückgreifen sollte.

3.3 Funktionale versus verhaltensbasierte Systeme

Die Unterteilung ist ähnlich dem vorigen Kapitel aufgebaut, unterscheidet sich jedoch dahingehend, dass die Funktion der Module im speziellen untersucht wird.

3.3.1 Funktionale Systeme

Funktionale Systeme beinhalten grundsätzlich die gleichen Eigenschaften wie deliberative Systeme, sie werden hier jedoch aus einem anderen Blickwinkel betrachtet. Funktionale Architekturen sind hierarchisch - modular aufgebaut und beschreiben den klassischen Ansatz der Kontrollstrukturen mobiler Roboter. Die Grundidee besteht in der Annahme, dass die Dynamik der Umgebung mit steigender Abstraktion in den einzelnen Funktionsmodulen abnimmt. Spezielle Aufgaben werden in klare Teilziele zerlegt und an die untergeordneten Ebenen abgegeben, in

denen dann mit größerem Detailwissen versucht wird die Teilaufgabe zu lösen. Deshalb bezeichnet man funktionale Systeme auch als horizontale oder hierarchische Dekomposition. Es besteht ein sequentieller Datenfluss (Abbildung 6) zwischen Sensoren und Aktoren, d.h. ein Sensorsignal muss verschiedene Schritte der Informationsverarbeitung durchlaufen, um in eine Aktion umgesetzt werden zu können. Für den Einsatz funktionaler Systeme wird häufig das Sense-Model-Plan-Act (SMPA) Paradigma verwendet:

- Sense:

    Informationen aus der Umwelt wahrnehmen und gegebenenfalls Sensoren ausrichten und einstellen.

- Model:

    Internes Weltmodell aus Sensordaten erstellen (hohe Abstraktion, starke Abhängigkeit von symbolischer Repräsentation)

- Plan:

    Relativ zu vorgegebenen Aufgaben wird mit Hilfe des Weltmodells ein Plan erstellt.

- Act:

    Der erstellte Plan wird in Roboteraktionen übersetzt und ausgeführt

Planung erfordert Suche, Suche erfordert ein Weltmodell der Umgebung: hier liegen, wie bei den deliberativen Systemen, die Hauptursachen für die Fehleranfälligkeit und geringe Reaktivität der Architektur. Der sequentielle Datenfluss verlangsamt die Reaktion enorm, tritt dann noch ein Fehler innerhalb des SMPA-Zyklus auf, wird der Roboter komplett lahm gelegt. Das erstellen des Weltmodells ist schwierig und aufwendig (hoher Speicher- und Rechenbedarf) und verursacht bei der Ausführung eines Plans fehlerhafte Entscheidungen, da das Weltmodell zur Zeit der Planung schon wieder veraltet ist und mit unsicheren, teilweise sogar fehlerhaften, Sensordaten gerechnet wird. Erann Gat [Gat94] behauptet sogar, dass eine allgemeine Modellierung einer wenig strukturierten Umgebung, die vorausschauende Aussagen über die Umwelt machen kann, mit mathematischen Mitteln nicht möglich ist.

Demzufolge eignen sich funktionale Architekturen vor allem für stark vorstrukturierte, statische Umgebungen.

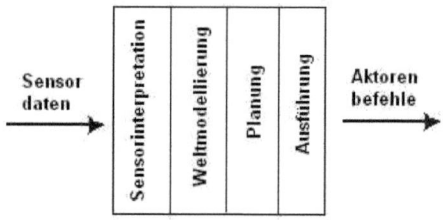

Abbildung 6: sequentieller Datenfluss beim SMPA-Paradigma

Die Prodigy-Architektur ist eine Umsetzung funktionaler Systeme [Fri02]. Ein nichtlinearer Planer ist hierbei in der Lage, eine auf einer erweiterten STRIPS-Notation basierende, Abarbeitungsfolge mit mehreren Zielen zu erstellen. Prodigy lernt explizit aus gelösten Aufgaben und kann somit seine Effizienz und Planerstellung mit fortschreitender Zeit steigern.

3.3.2 Verhaltensbasierte Systeme

Verhaltensbasierte Architekturen gehen auf die Arbeiten von Rodney A. Brooks Mitte der 80er Jahre zurück und fanden erstmals Verwendung in der Steuerung sechsbeiniger Roboter. Auch das verhaltensbasierte System ist modular aufgebaut, bedient sich jedoch keiner zentralen Steuerung und in ihrer Grundform zunächst auch keiner hierarchischen Anordnung. Die auch als vertikale Dekomposition (behavioural decomposition) bezeichnete Architektur, bestimmt ihr Gesamtverhalten durch untereinander konkurrierende Verhaltensschichten. Jede Schicht verfolgt ein bestimmtes Ziel und hat prinzipiell Zugriff auf alle Sensoren. Da die Verhaltensweisen als parallele Prozesse implementiert werden, muss für eine bestimmte Situation ein Verhalten ausgewählt werden. Dies geschieht durch Verhaltensfusion (behaviour fusion): höhere Schichten überschreiben die Ergebnisse niedrigerer Schichten und können auf deren Berechnungen zugreifen. Sollte eine höhere Ebene ausfallen, so können die unteren Schichten trotzdem weiterarbeiten; dies garantiert eine hohe Fehlertoleranz. Es wird wie im reaktiven Ansatz kein Weltmodell verwendet, wodurch Ressourcen gespart und Reaktionszeiten verkürzt werden. Durch das einfache Einfügen neuer Verhaltensschichten und die Unabhängigkeit des Verhaltens von vorgegebenen Plänen garantiert man eine hohe Flexibilität des Systems. Allerdings treten auch hier die Nachteile der reaktiven Systeme auf: der Mangel an planerischen Fähigkeiten führt

zu vergleichsweise geringer Intelligenz und bewirkt, dass sehr selten eine optimale Lösung gefunden wird. Aufgrund des fehlenden Weltmodells weiß das System nichts über sein eigenes Handeln, das Feststecken in Sackgassen kann nicht erkannt werden, es ist sogar möglich daß die eigene, vorher geleistete Arbeit, zunichte gemacht wird. Trotz der Mängel eignen sich verhaltensbasierte Systeme sehr gut für unbekannte Umgebungen und sind sicher im Umgang mit fehlerhaften Sensoren. Bekanntestes Beispiel verhaltensbasierter Ansätze ist die Subsumption-Architektur von Brooks [Tre00]. Sie implementiert die oben aufgeführten Eigenschaften und garantiert ein robustes Verhalten in dynamischen Umgebungen.

3.4 Hybride Systeme

Diese Ansätze finden häufig Verwendung, da Vorteile kombiniert und Nachteile weitestgehend aufgehoben werden. Diese Mehrebenen-Architekturen sollen zielgerichtetes Verhalten ermöglichen und dabei flexibel und fehlertolerant, auch in dynamischen Umgebungen operieren.

3.4.1 Reaktive und deliberative Systeme

Kombinationen dieser Ansätze bestehen aus drei Schichten (3-Layer) und sind nach dem zeitlichen Bezug der internen Zustände unterteilt (Dekomposition):

- Controller (Pilot):

  Beschreibt die unterste Ebene des Systems und besitzt eine Menge von Basisfähigkeiten (basic skills, primitive behaviours), die eine reaktive Steuerung des Roboters (z.B. Wand finden, Kollisionserkennung, aber auch Sensordaten filtern) übernehmen. Diese Schichte arbeitet, gemäß dem reaktiven Ansatz, direkt mit den aktuellen Sensorendaten und verwendet (fast)[4] keine internen Zustände. Zusätzlich besitzt der Controller die Fähigkeit festzustellen, ob bei der Ausführung einer Aktion ein Fehler aufgetreten ist. Sollte dies der Fall sein gibt er diesen Interrupt an den Sequencer weiter, der dann entsprechend reagiert

---

4   Falls interne Zustände verwendet werden, haben sie nur die Lebensdauer eines Behaviours, d.h. nach der Ausführung werden sie gelöscht, sonst könnten schon hier Fehler auftreten, die nicht mehr durch die oberen Schichten korrigiert werden könnten.

**UNIVERSITÄT
BAYREUTH**

Lehrstuhl für Angewandte Informatik III
(Robotik und Eingebettete Systeme)

- Sequencer (Navigator):

In der mittleren Ebene werden lokale Pläne des Deliberators (siehe unten) ausgeführt und als Steuerbefehle an den Controller weitergegeben. Der Sequencer entscheidet bei der Ausführung des Plans, welches Verhalten aktiviert wird und wechselt dieses auch, sollte ein Fehler auftreten. Häufig wird versucht, mehrere Verhaltensweisen zur Verfügung zu stellen, falls eines versagt. Diese Vorgehensweise gestaltet sich jedoch als sehr schwierig, da es nicht möglich ist, alle Eventualitäten mit einzuplanen, und deshalb die Auswahl an Verhaltensmustern begrenzt wird. Es werden explizit interne Zustände verwendet, in denen Informationen über aktuelle Daten, aber auch über die Vergangenheit gespeichert werden.

- Deliberator (Planer):

Hier finden die zeitaufwändigen Berechnungen des globalen Plans und des Weltmodells, aber auch die rechenintensive Analyse von Videodaten statt (falls vorhanden). Es werden interne Zustände genutzt, um Voraussagen über die Zukunft zu machen, die dann bei der Erstellung der symbolischen Pläne benötigt werden. Man unterscheidet zwei Ansätze der Implementierung des Deliberators:

Top-Down: Es werden kontinuierlich neue Pläne erstellt und an den Sequencer geleitet.

Bottom-Up: Der Sequencer stellt eine Anfrage und erst daraufhin wird ein neuer Plan erstellt.

Dieses System der „reaktiven Planung" behebt den Mangel an Flexibilität bzw. planerischen Fähigkeiten, den die einzelnen Architekturen aufweisen. Praktische Umsetzung finden hybride Systeme z.B. in der ATLANTIS[5]-Architektur. Hier liegt der Fokus auf der mittleren Schicht (die den hybriden Anteil beinhaltet), die nur nach Bedarf den Deliberator beauftragt. Haupteinsatz dieser Architektur ist die Navigation durch unbekanntes Terrain.

3.4.2 Funktionale und verhaltensbasierte Systeme

Die Verknüpfung von funktionalen und verhaltensbasierten Architekturen wird am BDI-Ansatz verdeutlicht, da dies ein sehr unterschiedliches Konzept im Vergleich zum vorhergehenden Hybridsystem darstellt [Fri02]. Ein Zustand wird in diesem System in „Überzeugung" (belief, B),

5 A Three-Layer Architecture for Navigating Through Intricate Situations (engl.: eine 3-Schichten Architektur zur Navigation durch komplizierte Situationen)

„Wunsch" (desire, D) und „Absicht" (intention, I) aufgeteilt. Diese ordnen sich, zusammen mit einer Planbibliothek zentral um einen Interpreter (Reasoner) an, der die Kontrollfunktion übernimmt (Abbildung 7).

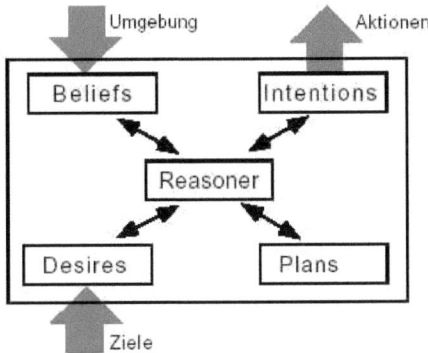

Abbildung 7: BDI-Architektur nach Rao & Georgoff

Die beliefs repräsentieren das globale Weltmodell (Wissensbasis), dass durch Sensoren permanent aktualisiert wird, wobei man davon ausgeht, dass die beliefs unvollständig und fehlerhaft sind. Ziele werden in der desire-Komponente verwaltet: neue Ziele oder das Verwerfen der alten Ziele ist die Konsequenz der veränderten beliefs (funktionale, planende Komponente). Die intention-Komponente enthält die Verknüpfungen der mitunter widersprüchlichen desires mit ausführbaren Plänen und Aktionen (reaktive Komponente, ähnlich der Sequencer Schicht bei 3-Layer Architekturen). Diese Basisfähigkeiten werden als einfache Aktionen oder abstrakte Pläne in der Planbibliothek gespeichert. Die Zentralinstanz arbeitet die einzelnen Komponenten in einer zyklischen Schleife ab, Unterbrechungen z.B. durch Änderungen in der Umwelt, die eine Aktualisierung der beliefs zur Folge haben, können realisiert. Eine konkrete Umsetzung des BDI-Ansatzes erfolgt in der IRMA[6]-Architektur: Aktionsmöglichkeiten werden durch Zielabgleich und durch äußere Einflüsse erstellt, die dann durch Kompatibilitätsprüfung mit bereits aktiven Plänen ausgewählt werden. Dadurch kann das System in komplexen, dynamischen Umgebungen operieren.

6Intelligent Resource-Bounded Machine Architecture (engl.: Intelligente, ressourcenbegrenzte Maschinenarchitektur) [Fri02]

4 Zusammenfassung

Im folgenden Kapitel werden noch einmal alle Ergebnisse kurz zusammengefasst und einige allgemeine Aussagen deklariert. Anschließend folgt einer kleiner Einblick in das aktuelle Problemgebiet der Roboter-Selbstlokalisation, da hier noch keine optimale Lösung gefunden wurde und auch Grenzen von AMR sichtbar werden.

4.1 Vergleich

Der hohe Grad der Vernetzung zwischen den Architekturen macht es schwierig klare Grenzen zu definieren. Fast alle funktionalen Systeme sind deliberativ und hierarchisch angeordnet, ähnlich verhält es sich bei den reaktiven Systemen: sie sind fast alle verhaltensbasiert, der Umkehrschluss gilt jedoch nicht immer (es gibt durchaus verhaltensbasierte Systeme, die nicht zeitkritisch arbeiten müssen). Zentralistische Systeme besitzen mehrheitlich eine planende, deliberative Komponente. Die Vorteile funktionaler und deliberativer Architekturen bestehen im Weltmodell und der globalen Planung, die Nachteile sind die daraus folgenden langsamen Reaktionszeiten und der unflexible Umgang mit fehlerhaften Sensordaten. Sie sind für statische aber komplexe Umgebungen geeignet. Umgekehrt zeichnen sich reaktive und verhaltensbasierte Systeme durch schnelle Reaktion auf Umweltänderungen und hohe Fehlertoleranz aus, ihnen fehlt lediglich eine planende Komponente. In Kombination mit einer übergeordneten, planenden Schicht (hybride Systeme) eignen sie sich hervorragend für stark dynamische und komplexe Umgebungen.

Generell kann man folgende Aussagen treffen:

- Die Existenz einer planenden Komponente, die den Zugriff auf die Umgebung steuert, verbessert die Qualität Reaktion auf Änderungen, kann aber Zeitverzögerungen verursachen.

- Ein Zentralmodul mit globaler Wissenbasis verbessert die erstellten Pläne, kann aber bei hoher Zugriffsrate schnell zum Flaschenhals werden.

- Je weniger Zustände und Zwischenebenen verwendet werden, desto reaktiver ist das System.

An dieser Stelle muss der Entwickler einer Kontrollarchitektur entscheiden, welchen Grad an Intelligenz und Reaktivität er benötigt und in welcher Relation diese Anforderungen zu den resultierenden Kosten stehen.

4.2 Lokalisationsproblem mobiler Roboter

Für zuverlässige Navigation und sinnvolle Planung von Fahrtstrecken muss der Roboter seine Umwelt kennen. Dabei ergeben sich zwei grundlegende Probleme:

- Der Roboter muss zunächst seine Umwelt erfassen um sich daran zu orientieren

- Selbstlokalisation des Roboters in der Umgebung

Einfache Ansätze die vom Startpunkt des Roboters ausgehend den Weg aufsummieren liefern keine guten Ergebnisse, die errechneten Positionen weichen sehr schnell sehr stark von den tatsächlichen Positionen ab. Andere Ansätze, wie zum Beispiel die Monte-Carlo-Lokalisation (MCL), versuchen die aktuelle Position im Raum, durch verschiedene Gewichtungen, zu schätzen [Kön02]. Dazu benötigt man ein jedoch ein kostenintensives Umgebungsmodell (reaktive und verhaltensbasierte Architekturansätze scheiden somit aus). Der MCL-Ansatz liefert bei verschiedenen Problemstellungen gute Ergebnisse und eignet sich auch für größere Umgebungen, es können aber trotzdem Fehler durch ungenaue Sensoren (Kamera) auftreten, welche die berechnete Position verfälschen.

Am Lokalisationsproblem kann man deutlich die Grenzen der mobilen Roboter erkennen: selbst die besten Architekturen und Algorithmen sind nicht in der Lage eine exakte Positionsbestimmung durchzuführen, wenn fehlerhafte Sensordaten vorliegen. Dennoch sind die heutigen Lösungen so ausgereift, dass die Abweichungen in den vernachlässigbaren Bereich fallen.

Quellenverzeichnis

[Abe96] Abert, Christoph. Intelligente Software-Agenten in elektronischen Märkten, 1996

[Bra04] Braun, Andreas. A Software Architecture for Knowledge Acquisition and Retrieval for Global Software Development Teams, TU München, 2004

[Del02] Dellschaft, Klaas. Softwareagenten: Theorie und Praxis, Agentenarchitekturen, Uni Koblenz, 2002

[Fra03] Frank, Ingo. Selbstorganisierende Steuerung in der mobilen Robotik, Regensburg, 2003

[Fri02] Fricke, Stefan. Werkzeuggestützte Entwicklung kooperativer Agenten im Dienstkontext, Berlin, 2000

[Gat94] Erann Gat. On the role of theory in the control of autonomous mobile robots, 1994.

[Gra87] Hg. Graham, James H. Computer Architectures for Robotics and Automation, Amsterdam: Gordon and Breach Science Publishers, 1987

[Han05] Hans, Matthias. Eine modulare Kontrollarchitektur für den Hol- und Bringdienst von Roboterassistenten, Stuttgart, 2005

[Kön02] König, Alexander. Automatischer Kartenaufbau für die visuelle Monte-Carlo-Selbstlokalisation mobiler Serviceroboter in Baumarktumgebungen, TU Ilmenau 2002

[Lak99] Lakemeyer, G. Skript zur Vorlesung: Autonome mobile Roboter und deren Steuerung,WS 1999/2000

[Med98] Medeiros, A.D. Adelaro. A survey of control architectures for autonomous mobile robots, 1998

[Ses02] Sesseler, Ralf. Eine modulare Architektur für dienstbasierte Interaktionen zwischen Agenten, Universität Berlin, 2002

[Ste02] Stenzel, Roland. Steuerungsarchitekturen für autonome mobile Roboter, Berlin, 2002

[Tre00] Treu, Valentin. Seminararbeit: Subsumption, Universität Zürich, WS 2000/2001

[Vra99] Vratislavsky, Andre. Referat: Reaktive Verhaltenssteuerung, FU Berlin, WS 1999/2000

Skript zur Vorlesung: Autonome Robotersysteme, Universität Duisburg-Essen, 2005

Skript zur Vorlesung: Konzepte der AI, TU Wien, WS 2000/2001

Skript zur Vorlesung: Roboterverhalten, TU Wien SS 2004